Leitkultur – Was deutschsprachige Kultur ist! Und was sie nicht ist!

Copyright **©2017 Michael Heinen-Anders**

Herstellung und Verlag:
BoD - Books on Demand, Norderstedt

ISBN 978-3-7448-3902-0

INHALTSVERZEICHNIS

0. Prolog

Ausgangspunkt dieses Buches war die Debatte zwischen der Integrationsbeauftragten der Bundesregierung Aydan Özoguz und dem deutsch-türkischen Autor Akif Pirincci über die Frage von Wert und Bestand einer spezifisch deutschen Kultur. Dabei sah ich mich genötigt weiter auszuholen und eine genuin „deutsche" Position zu dieser Debatte zu entwickeln.

Frau Özoguz enstammt familiär einem islamistischen Milieu.[1] Sie verfolgt Eigeninteressen islamistischer Kreise, die in einer deutschen Bundesregierung eigentlich keinen Platz haben dürften. So verdankt sie ihren Aufstieg einerseits multikulti-schwärmerischen Sozialdemokraten/Sozialisten, andererseits ist sie familiär Scharia- treuen Verwandten verbunden.

Folgende Äußerung wird ihr zur Last gelegt: „(Eine) spezifisch deutsche Kultur ist, jenseits der Sprache, schlicht nicht identifizierbar."[2] - Damit liegt die Dame komplett daneben.

Der Gegenbeweis wird in diesem Buch angetreten. Ich möchte übrigens noch auf einen Ausspruch Fichtes aufmerksam machen, der sinngemäß in etwa sagte: ‚Deutscher ist man nicht (z.B. durch bestimmte rechtliche Bedingungen), sondern Deutscher wird man durch

---

[1] https://philosophia-perennis.com/2017/08/30/aydan-oezoguz/
[2] https://causa.tagesspiegel.de/gesellschaft/wie-nuetzlich-ist-eine-leitkultur-debatte/leitkultur-verkommt-zum-klischee-des-deutschseins.html

fortwährendes Bemühen (z.B. durch ein echtes Hineinleben in die deutsche Kultur)'.

Der Begriff "Leitkultur" wurde übrigens Ende der 90er Jahre von dem Deutsch-Syrer Bassam Tibi geprägt.[3] Danach wurde er häufig für populistische Spielchen instrumentalisiert und mißbraucht. In meinem Buch geht es allerdings weitaus mehr um den Nachweis einer spezifisch deutschsprachigen Kultur als solcher, im Gegensatz zur Integrationsbeauftragten der Bundesregierung, die ein Bestehen einer solchen Kultur "jenseits der Sprache" in Abrede stellt.

Da ich selbst Anthroposoph bin, wird die Argumentationsstruktur dieses Buches entlang anthroposophischer Auffassungen entwickelt. Eine Ausnahme ist der Schlußteil „Epilog", in dem mehr zeitdiagnostische populistische Auffassungen zum Tragen kamen.

---

[3] Vgl. z.B. Bassam Tibi: Im Schatten des Islams. Der Islam und die Menschenrechte, (Neuauflage), München 2003, S. 499 – 501. Der Autor hat sich erst kürzlich mit einem vielbeachteten Essay wieder zu Wort gemeldet: Vgl. Bassam Tibi: Syrien und Deutschland. In: Alice Schwarzer (Hg.): Der Schock – Die Silvesternacht von Köln, Köln 2016, S. 91 – 97.

1. Vom Auf- und Absteigen des deutschen bzw. mitteleuropäischen Volksgeistes

"Das Verhältnis des Archangelos[4] zu den einzelnen Ichen des deutschen Volkes ist ein anderes als bei den westlichen Völkern. Es kam schon ein Zeitpunkt, wo dieser Archangelos auch in das physische Leben oder das niedere Seelenleben, insofern es das Physische ergreift, hineingegriffen hat. Das ist ungefähr die Zeit zwischen 1750 und, man kann sagen 1830. Dazumal griff der Archangelos in den Nationalcharakter des deutschen Volkes ein, so wie die Archangeloi bei den andern Völkern in den Zeitpunkten die ich bezeichnete, eingegriffen haben. Aber, man möchte sagen, er ließ wieder ab, er prägte nicht so energisch, so gründlich die Physis um, wie es bei den anderen Völkern geschah. Daher ist es ja auch nur gekommen, daß der Verlauf der zweiten Hälfte des 19. Jahrhunderts so vor sich ging, daß dieses deutsche Volk wirklich alles Mögliche von den andern Völkern unbewußt aufgenommen hat. Die deutsche Sprache hat ja auch die besondere Eigentümlichkeit, daß sie noch eine gewisse Flüssigkeit gestattet. Das kommt zum Beispiel davon her, daß der Archangelos des deutschen Volkes von der scharfen Ausprägung wieder abgelassen hat. Er hat gleichsam nur einen Anlauf genommen während nicht ganz eines Jahrhunderts, um den Nationalcharakter zu prägen, und hat dann das Volk wieder frei gegeben, denn das

---

[4] Erzengel bzw. Volksgeist.

9

deutsche Volk ist dazu berufen, seinen Idealismus in lebendige Geist-Erkenntnis umzubilden."[5]

"Und nun denken Sie sich, das Wesen des deutschen Volksgeistes sei so, daß dieser Volksgeist fortwährend den Weg hinunter zum Volk und wieder hinauf in die höhere Welt durchmacht. Warum tut er das gerade bei einem Volkstum? Aus dem Grunde, weil dadurch gerade innerhalb dieser Volkswesenheit die Kräfte hervorgerufen werden sollen, welche in die Geisteswissenschaft im eminentesten Sinne hineinführen. Wenn der Volksgeist hinuntersteigt, dann wird durch den Volksgeist in der physischen Welt ein strammer Volkscharakter bewirkt. Wenn er wieder zurückgeht, der Volksgeist, und den Nationalcharakter fluktuierend läßt, dann wird das Volk immer wieder und wieder jenes Auf- und Abfluten des Volksgeistes in den eigenen Leibern mitmachen müssen, lernt erkennen, daß alles Sein verfließt zwischen sinnlicher und übersinnlicher Welt. Das ist wieder einer der Gründe für das, was auch in öffentlichen Vorträgen gesagt worden ist, daß eine gewisse innere Verwandtschaft besteht zwischen deutscher Geisteskultur und dem Streben nach Geisteswissenschaft. Fichte hat sich nur entwickeln können in einer Zeit, in der der Volksgeist heruntergestiegen war. Daher wird Fichte in seiner Philosophie kaum verstanden werden können oder nur falsch. Dieses ganze Leben und Weben in solchen Begriffen und Ideen, daß in diese die Ich-Wesenheit so

---

[5] Rudolf Steiner: Das Geheimnis des Todes. Wesen und Bedeutung Mitteleuropas und die europäischen Volksgeister (1915), GA 159, Dornach 1980, S. 140ff

hereingekommen ist wie in der Fichteschen Philosophie,
das war in der Zeit möglich, in der der Volksgeist auf ein
tieferes Niveau heruntergekommen war. Nun müssen wir
ihn höher suchen und können ihn nur mit der
Geisteswissenschaft finden."[6]

[6] Rudolf Steiner: Menschenschicksale und
Völkerschicksale (1914/1915), GA 157, Dornach 1981,
S. 228f

2. Vom Glanze deutschsprachiger Kultur

2.1. Die Erfindung des Buchdrucks durch Gutenberg

Am Ausgang des Mittelalters steht Gutenbergs bedeutende Erfindung des mechanischen Buchdrucks durch bewegliche, auswechselbare Lettern. Damit wurde die Verbreitung deutschsprachigen Schrifttums in Mitteleuropa erst möglich. Der Buchdruck verbreitete sich fortan um die Welt. Einzelne, insbesondere muslimische, Länder hielten den Buchdruck hingegen für eine große Gefahr für die „ungebildete Bevölkerung". So wurde die erste Buchdruckmaschine in Ägypten etwa erst unter Napoleon dort – sozusagen – zwangsinstalliert.

2.2. Luthers Bibelübersetzung

Im Mittelalter galt unter der Herrschaft der römisch-katholischen Kirche das Lesen der Bibel noch als sakrosant, also als verboten durch den theologischen Laien. Bibeldrucke existierten in Mitteleuropa auch nur in lateinischer Schrift. Wer des Lateins also gar nicht erst mächtig war, der konnte damit auch nicht „in Versuchung geraten".
Somit war die erste deutschsprachige Bibelübersetzung durch Luther auch direkt für das einfache Volk gedacht. Nach Luther war denn auch jeder Mensch zum allgemein-menschlichen Priestertum berufen. Im Rahmen der Reformation kamen so auch der Schriftsprache deutsch, mächtige Bürger, überhaupt erst einmal dazu den Inhalt der heiligen Schrift durch eigene Lektüre quasi unverbildet kennen zu lernen. In Verbindung mit dem

Buchdruck verbreitete sich Luthers Bibelübersetzung rasch, und etliche von ihm stammende Wortschöpfungen, fanden den Weg in die Umgangssprache.

2.3. Gebrüder Grimm

Nicht nur die weltberühmte Sammlung der Kinder- und Hausmärchen stammt von den Gebrüdern Grimm, sondern auch das erste Deutsche Wörterbuch.
Mit den im Volke gesammelten Märchen gelangte damit erstmals ein wesentliches Ferment deutscher bzw. mitteleuropäischer Kultur in Umlauf, denn bis dahin waren Märchen zwar erzählt, aber nur innerhalb von Familien und Sippen weitergegeben worden. Damit konnte mit der gleichzeitigen Schöpfung der Neuhochdeutschen Sprache durch die Gebrüder Grimm, erstmals seit der Bibelübersetzung durch Luther, ein einheitlicher Märchen- und Sagenschatz tradiert, und im deutschen Volke verbreitet werden.
Die deutschen Haus- und Volksmärchen fanden denn auch schnell Verbreitung in anderen Sprachen, so dass damit ein wesentliches Produkt mitteleuropäischen Geistes weltweit den Gebildeteren zugänglich wurde: nämlich das deutsche Fabulier- und Gemütswesen.
Anders als viele rein volkssprachig gebliebene Märchen, schafften es die deutschen Volksmärchen bis in die west- und osteuropäischen Hörspiel- und Fernsehstudios, wodurch diese spezifische Art mitteleuropäischen Wesens, auch im Medienzeitalter im Bewusstsein der Menschen blieb.

2.4. Goethe

Johann Wolfgang von Goethe war Dichter, Naturwissenschaftler und Politiker. Er schaffte es, wie kaum ein anderer neuzeitlicher Dichter, Eingang in den Bildungskanon mitteleuropäischer Lehranstalten zu erhalten sowie auf die Bretter europäischer Bühnen zu gelangen. Neben den ‚Leiden des jungen Werther', machte Goethe literarisch vor allem sein kongeniales Faust-Werk weltberühmt. Und noch heute weiß jedermann, wenn vom ‚faustischen Menschen' die Rede ist, was damit gemeint ist.

Daneben war Goethe auch als Naturwissenschaftler (‚Farbenlehre', ‚Morphologie') und Politiker Ideen gebend. Auch Goethes Werk schaffte den weltweiten Durchbruch, so dass man, egal in welchem Winkel der Welt man fragt, den Namen Goethe als bekannt voraussetzen kann. Nach Goethe benannt wurden nicht nur die Goethe-Institute (in vielen Ländern als Vertreter deutscher Sprache und Kultur präsent), sondern er diente auch als Namensgeber für den zuerst als ‚Johannesbau' geplanten Tempel der Anthroposophen: das ‚Goetheanum' in Dornach bei Basel (Schweiz).

2.5. Schiller

Neben seinen vielfältigen Dramen, wie „Die Räuber", „Wilhelm Tell" und „Don Carlos", welche hier beispielhaft genannt werden sollen, und die heute noch vielfach in Bühnen aller Welt wiederholt zur Aufführung und Interpretation gelangen, war Friedrich Schiller, der mit Goethe eng befreundet war, auch auf philosophischem Gebiete tätig, wovon vor allem die als ‚Briefe' publizierten Abhandlungen „Über die ästhetische Erziehung des Menschen" zeugen. Damit beeinflusste Schiller nicht nur die Dichtung seiner Zeit, sondern auch das kulturelle und philosophische Milleu Mitteleuropas nachhaltig.

2.6. Lessing

Von Lessing ist heute noch sehr bekannt, das als ‚Ring-Parabel' bezeichnete Bühnenwerk „Nathan der Weise". Dass Lessing auch auf vielen anderen Gebieten weltanschauungsprägend tätig war, davon zeugt sein nur leidlich bekanntes Werk „Die Erziehung des Menschengeschlechts", worin Lessing als einer der ersten unter den mitteleuropäischen Dichtern und Denkern, den bis dato vor allem im Buddhismus und Hinduismus, sowie in Teilen des Judentums, bekannten Gedanken von „Wiederverkörperung und Schicksal"[7] auf eine spezifisch mitteleuropäische Weise aufgriff, so gehörte er damit zum Anreger nicht nur idealistischer Denker, sondern durchaus auch noch als Impulsator heutiger Philosophie.

2.7. Die Trias der idealistischen Philosophen

Zur Trias der idealistischen Philosophen werden Fichte, Schelling und Hegel gezählt. Die Ausbildung der spezifisch deutschsprachigen idealistischen Philosophie

---

[7] Bei Rudolf Steiner später als die Idee von Reinkarnation und Karma bezeichnet.

wurde durch das besondere Einwirken
des Volksgeistes ermöglicht.

„Im Systemgedanken des deutschen Idealismus liegt die
Bestimmung der Wirklichkeit als zusammenhängender
Ganzheit. Die Wirklichkeit muß sich aus einem Prinzip
herleiten lassen. Das <Absolute> bezeichnet sowohl die
Wirklichkeit als ganze wie auch den ihren
Zusammenhang herstellenden Grund.
In der Nachfolge Kants wird das Ich oder Subjekt als
wesentlich schöpferisch bzw. produktiv verstanden. Die
Weiterentwicklung des Kantischen Freiheitsbegriffs
(Autonomie) bildet einen weiteren Schwerpunkt des
deutschen Idealismus."[8]
Von diesem Standpunkt aus war „Die Philosophie der
Freiheit", welche aus der Feder Rudolf Steiners stammt
nur der nächste notwendige und folgerichtige Schritt.

3. Was von der deutschsprachigen Kultur geblieben ist

3.1. Die Sprache

"Nirgends außer in Mitteleuropa wird «Ich» gesagt, wenn
man sein eigenes Ich meint, seine eigene Wesenheit. Es
ist durch den Volksgeist, der sich als Sprachgeist
manifestiert, die ganze Evolution so gelenkt worden, daß
es allmählich dazugekommen ist, die eigene Wesenheit
auszudrücken mit dem Wort Ich. Aber Ich, «I-Ch», ist
Jesus Christus! Es liegt in Jesus Christus darin. Dadurch,
daß in dem «Ich» Jesus Christus in seinen

---

[8] Anton Hügli/Poul Lübcke: Philosophielexikon (Rowohlts
Enzyklopädie), Reinbek b. Hamburg 1997, S. 304

Anfangsbuchstaben ausgesprochen wird, ist das sinnbildlich ausgedrückt, was im mitteleuropäischen Geisteswesen liegt, wie es intim verbunden ist mit dem innerlichsten Erleben. Jedesmal, wenn man «Ich» ausspricht, spricht man die Anfangsbuchstaben «Jesus Christus» aus. Wenn man nur einmal auf solche Dinge, die wirklich heute noch als phantastisch angesehen werden, die geistigen Augen lenken würde, würde man schon finden, wie unbewußt die Geister der höheren Hierarchien in die menschliche Entwickelung immer hineinwirken, und dann Bedeutsames finden in den Dingen, die man heute nur so hinnimmt." [9]

So findet sich in der deutschen Sprache recht viel unterschätztes Weistum.
Die deutsche Sprache wird heutzutage allgemein gering geschätzt. Zwar ist sie keine der ‚Weltsprachen', wie englisch, französisch und spanisch, doch wird sie innereuropäisch nicht nur von Deutschen, Österreichern und Schweizern gesprochen, sondern auch in Teilgebieten Frankreichs, Belgiens, den Niederlanden und Dänemarks. Zudem gibt es auch noch Reste deutscher Sprache und Kultur in einigen slawischen Ländern sowie in Russland.
Durch die Goethe-Institute weltweit verbreitet, gilt die deutsche Sprache auch heute noch als Geheimtipp unter den europäischen Sprachen, wenn es um das Erlernen einer Drittsprache geht. Nicht wenige internationale Forscher und Philosophen sprechen deutsch, und auch beispielsweise der russische Präsident Putin.

---

[9] Rudolf Steiner: Das Geheimnis des Todes. Wesen und Bedeutung Mitteleuropas und die europäischen Volksgeister, GA 159, Dornach 1980, S. 217

3.2. Die Musik

Schaut man sich die Riege deutschsprachiger klassischer Komponisten an, so ist sie riesengroß.
Nicht nur Bach, Händel, Beethoven und Mozart zählen zu den meistgespielten klassischen Musikern, sondern auch einige neuere Komponisten wie Weil und Stockhausen. Vielleicht kann man sagen, dass nach der Sprache, vor allem die Musik das wesentlichste Medium deutschsprachiger Kultur in aller Welt ist.

3.3. Die Wissenschaft

Deutsche Wissenschaftler waren lange Zeit führend in der Welt, darunter nicht nur Einstein und Heisenberg, sondern darüber hinaus auch noch eine sehr beachtliche Riege naturwissenschaftlicher Forscher. Auch die Erfindung des Düsenantriebs, der Rakete und des Computers (Konrad Zuse) stammen ursprünglich aus Deutschland, auch wenn man sich weltweit, dieser Tatsache, nur wenig bewusst ist.
Darüber hinaus gibt es einen Zweig deutscher Wissenschaft, der nur wenig bekannt ist: es sind die Anregungen Goethes für die Naturwissenschaft.

3.4. Die Kunst und Literatur

Wenn man innerhalb der Bildenden Kunst und der Malerei sucht, so wird man recht viele deutschstämmige

Künstler finden. Und auch die Gegenwartskunst erhielt bedeutende Anregungen von deutschsprachigen Künstlern wie Joseph Beuys[10], beispielsweise. Auch wenn heutige Kunstausstellungen stark international ausgerichtet sind, so wird man immer auch bedeutende deutsche, österreichische und schweizerische Künstler darunter finden.

Auch die Kinder- und Jugendliteratur erhielt durch deutsche Autoren, wie Otfried Preußler und Michael Ende entscheidende Anstöße. Diese Autoren sind denn auch mit Werken wie ‚Räuber Hotzenplotz' (Preußler), ‚Das kleine Gespenst' (Preußler), ‚Die kleine Hexe' (Preußler) sowie durch ‚Jim Knopf' (Ende), ‚Momo' (Ende) und ‚Die unendliche Geschichte' (Ende) weltberühmt geworden. Zahlreiche Hörbuch- und Filmadaptionen der bedeutendsten Werke dieser Autoren wurden weltweit rezipiert. Damit wurde gewissermaßen das Erbe der Gebrüder Grimm angetreten und ein neues Genre der phantastischen Kinder- und Jugendliteratur etabliert.

3.5. Der Goetheanismus und die Anthroposophie

Der 'Goetheanismus' ist eine ganzheitliche, rein phänomenologisch auf vorzüglich unmittelbare qualitative Erfahrungen gegründete allgemeine Wissenschaftsmethodik, die, anders als herkömmliche

---

[10] Vgl. Johannes Stüttgen: Über Joseph Beuys und jeden Menschen, das Erdtelephon und zwei Wolkenkratzer; über 7000 Eichen, 7000 Steiner und ein schwarzes Loch, Düsseldorf 1985 – sowie Clara Bodenmann-Ritter: Joseph Beuys – Jeder Mensch ein Künstler, Frankfurt a.M. 1988

wissenschaftliche Verfahren, von der Verwendung
künstlicher Messgeräte und quantitativer Auswertungen
weitgehend absieht und in ihrer Zielsetzung frei von
spekulativen Elementen, Hypothesen und
Modellvorstellungen ist. Goethes Forschungsmethode
erschöpft sich dabei keineswegs in der bloßen
Registrierung und Beschreibung der Phänomene, wie es
etwa der Positivismus gefordert hatte. Durch
„Anschauende Urteilskraft", d.h. durch ein Denken, das
sich nicht von den Phänomenen absondert, sollen sie
ihren ideellen Zusammenhang, ihre gesetzmäßige
Verbindung, "selbst" enthüllen und dadurch ihr
eigentliches Wesen der geistigen Anschauung zugänglich
machen. Erst dadurch ist das vollständige Phänomen so
gegeben, wie es in der Wirklichkeit "an sich" besteht.[11]

Das Wort "Goetheanismus" wurde erstmals von dem
schwedischen Diplomaten Karl Gustav von Brinckmann
1803 in einem Brief an Goethe gebraucht, um damit
dessen Weltanschauung insgesamt zu charakterisieren.
Durch Rudolf Steiner, dem ersten Herausgeber der
Naturwissenschaftlichen Schriften Goethes unter
Einbeziehung des Nachlasses Goethes, wurde die
Bezeichnung ab 1915 zunehmend für die den
Naturstudien Goethes zugrunde liegende Methode
verwendet, ohne sie allein darauf zu beschränken.

---

[11] Vgl. Jost Schieren: Anschauende Urteilskraft.
Methodische und philosophische Grundlagen von
Goethes naturwissenschaftlichem Erkennen, Düsseldorf,
Bonn 1998

Tatsächlich lässt sich die goetheanistische Methode in praktisch allen Lebensbereichen fruchtbar anwenden.

Als 'Anthroposophie' (von altgriechisch "ánthrōpos" „Mensch" und "sophía" „Weisheit") werden eine von Rudolf Steiner (1861–1925) begründete, weltweit vertretene spirituelle und esoterische Weltanschauung sowie der zugehörige Ausbildungs- und Erkenntnisweg bezeichnet.[12]

Die geistigen und institutionellen Impulse, die von der Anthroposophie und der zugehörigen Bewegung ausgingen, wirken bis in die Gegenwart auf unterschiedliche Lebensbereiche, in Kunst, Architektur, Pädagogik/Heilpädagogik (Waldorfpädagogik), Medizin (anthroposophische Medizin), Landwirtschaft (biologisch-dynamische Landwirtschaft), Dreigliederung des sozialen Organismus, Bewegungskunst (Eurythmie), Religion (Die Christengemeinschaft) und Finanzwesen (GLS Gemeinschaftsbank, Freie Gemeinschaftsbank, Triodos) und haben weltweit Verbreitung und Beachtung gefunden.

Rudolf Steiner formulierte das Wesen der Anthroposophie in seinem ersten Leitsatz wie folgt: "Anthroposophie ist ein Erkenntnisweg, der das Geistige im Menschenwesen zum Geistigen im Weltenall führen möchte. Sie tritt im Menschen als Herzens- und Gefühlsbedürfnis auf. Sie muß

---

[12] Vgl. Jens Heisterkamp: Was ist Anthroposophie? Einladung zur Entdeckung des Menschen, Dornach 2000

ihre Rechtfertigung dadurch finden, daß sie diesem Bedürfnisse Befriedigung gewähren kann. Anerkennen kann Anthroposophie nur derjenige, der in ihr findet, was er aus seinem Gemüte heraus suchen muß. Anthroposophen können daher nur Menschen sein, die gewisse Fragen über das Wesen des Menschen und die Welt so als Lebensnotwendigkeit empfinden, wie man *Hunger und Durst* empfindet." (GA 26, 1. Leitsatz).[13]

4. Nationalismus – Internationalismus. Das zigeunerhafte Umherziehen der deutschen Kultur

„Deutschland ist nichts, aber jeder einzelne Deutsche ist viel, und doch bilden sich letztere gerade das Umgekehrte ein. Verpflanzt und zerstreut wie die Juden in alle Welt müssen die Deutschen werden, um die Masse des Guten ganz und zum Heile aller Nationen zu entwickeln, das in ihnen liegt."[14]
Es ist bekannt, dass Auslandsdeutsche zu allererst ihre Sprache ablegen und sich insoweit meist vollständig assimilieren. Doch ihre „deutschen" Sitten und Gebräuche behalten diese Neu-Siedler oft noch generationenlang bei. Insoweit ist eine Reduzierung der

---

[13] Rudolf Steiner: Anthroposophische Leitsätze, GA 26, Dornach 1982, S. 14
[14] Quelle: Goethe, Gespräche. Mit Friedrich Wilhelm Riemer, 5. Januar 1814

deutschen Kultur auf die Sprache, wie es gegenwärtig die Integrationsbeauftragte der Bundesregierung Aydan Özoğuz unternimmt[15], mehr als abwegig.

Es ist daher schon seltsam, wenn ausgerechnet der Deutsch-Türke Akif Pirincci diese „Beauftragte" auf die Dümmlichkeit ihrer Äußerung aufmerksam machen muss.[16]

Dass auch Auslandsdeutsche die Kultur ihrer jeweiligen Neu-Heimat erheblich zu bereichern pflegen, und damit gleich einem Ferment wie Hefe wirksam sind, darauf machte schon Rudolf Steiner seinerzeit aufmerksam, indem er die kulturelle Intensität der Wirksamkeit der Neu-Siedler mit der spirituellen Intensität der Zigeuner verglich, und daher davon sprach, die Deutschen der Zukunft würden kulturell wie Zigeuner[17] wirken – nirgends restlos heimisch, doch immer wieder neu unterwegs.[18]

Auch die Autorin Penny McLean widmete sich der spirituellen Intensität der Zigeuner[19], freilich ohne diese in einen Vergleich mit der Mitteleuropäischen Kultur einzubeziehen.

---

[15] Vgl. http://www.epochtimes.de/politik/deutschland/aydan-oezoguz-zu-deutschland-eine-spezifisch-deutsche-kultur-ist-jenseits-der-sprache-schlicht-nicht-identifizierbar-a2120482.html?meistgelesen=1

[16] Vgl. http://www.pi-news.net/akif-pirincci-es-gibt-eine-deutsche-kultur-und-sie-ist-allen-kulturen-ueberlegen/

[17] Vgl. Friedrich Zauner: Fercher von Steinwand. Schicksal an der Schwelle, Dornach 1989, S. 145 - 158

[18] Vgl. Rudolf Steiner: Entwicklungsgeschichtliche Unterlagen zur Bildung eines sozialen Urteils, GA 185a, Dornach 1963, S. 83ff

[19] Vgl. Penny McLean: Der Schattenspringer. Der Weg vom Narren zum Magier, München 1997

Das Schicksal der deutschen Kultur lässt sich in vielem mit dem der griechischen Kultur zur Zeit der Herrschaft des römischen Imperiums vergleichen.

Wie aus dem Hintergrunde wirkten die Kulturimpulse der Griechen auf das römische Imperium belebend und inspirierend.

Ähnlich ist das heutige Verhältnis der deutschen bzw. der mitteleuropäischen Kultur zum tonangebenden anglo-amerikanischen Imperium. Auch wenn die Außenseite der Weltkultur sicherlich insbesondere von den US-Amerikanern geprägt wird, so sieht es auf der Innenseite der amerikanischen Kultur doch bedeutend anders aus, wenn man den Grad, in dem diese Kultur deutschsprachige Philosophen, wie Hannah Arendt, Jürgen Habermas, Hans Jonas, Paul Feyerabend und Günther Anders rezipiert hat, dafür einmal als einen Gradmesser nimmt.

Nur wenige wissen auch, dass der Computer zuallererst von einem Deutschen (Konrad Zuse) entwickelt wurde, und dass ohne die gleichfalls deutsche Erfindung von Düsentriebwerk und Rakete manche Aspekte der gegenwärtigen Zivilisation anders aussehen würden, als sie es tatsächlich gegenwärtig tun.

5. Die Zukunft: Die Befruchtung des slawischen Ostens durch die Anthroposophie

Wenn man sich die slawische und speziell die russische Kultur einmal vor Augen hält, so fällt es ins Auge, dass darin noch sehr viel entwicklungsträchtiges, bislang unentwickeltes, enthalten ist.[20]

So wurde jahrzehntelang die russische Fähigkeit zur Brüderlichkeit durch den Bolschewismus fehlgeleitet, während gleichzeitig die typisch russische, tiefe Spiritualität und Gläubigkeit, abgelähmt und in einen Herrscherkult („Stalinismus") fehlgeleitet wurde. Noch heute sind gelegentlich solch perverse Verkennungen geistiger Realitäten im öffentlichen Leben Rußlands zu sehen, wie etwa Ikonen, mit einem Abbild Stalins darauf.[21]

Russland ist kulturell noch auf der Kindheitsstufe und benötigt eine spirituelle Amme, die es zu einer immer selbständigeren Jugendlichkeit, ja gar zur vollen Mündigkeit („geistigen Volljährigkeit") zu führen bereit ist.

Dazu bietet sich die Anthroposophie als spiritueller Weg, beinahe wie naturgegeben heute an. Die Frage ist nur, ob Russland in der augenblicklichen, verfahrenen Lage, die rettenden Arme der hilfreichen Amme zu ergreifen vermag.[22] Die Ereignisse in der Ukraine zeigen jedenfalls, wie problematisch und hart umkämpft die gegenwärtige Weltsituation, auch in dieser Hinsicht, ist.[23]

---

[20] Vgl. Gennadij Bondarew: Die wartende Kultur, Basel 1992

[21] Gennadij Bondarew: Die Welt und Menschheit auf der Kreuzung der okkult-politischen Bewegungen der Gegenwart, Norderstedt 2017, S. 194

[22] Vgl. http://www.anthrowiki.at/Der_Kampf_um_den_russischen_Kulturkeim

[23] Vgl. Joachim von Königslöw: Ein Riss durch Europa? In: Anthroposophie, Vierteljahreszeitschrift zur anthroposophischen Arbeit in Deutschland, Johanni 2017, Nr. 280, S. 139 - 154

6. Epilog

"<<Wir Deutschen haben die unselige Tugend, ein fremdes Volk bis zur blöden Hintansetzung unsrer selbst zu achten, auch wenn dasselbe wenig oder nichts Lobenswertes für sich hätte, als eine hervorstechende Eigenheit.»" (Zitat von Johann Kleinfercher (Fercher von Steinwand) in Rudolf Steiner, GA 185a, Seite 84 - 85)

Voraussichtlich ab ca. dem Jahre 2100 werden die deutschstämmigen in Deutschland eine Minderheit sein, und überwiegend werden es alte Leute sein (bereits ab ca. 2050).[24]

Dass die Deutschen keine Kinder mehr bekommen (wollen), das ist der Preis von Leistungsdruck und Überlebenskampf im Beruf, um nicht abzusinken ins Prekariat, welches oft nur wegen der Tatsache des Kinderreichtums, sich überhaupt prekär (verarmend) entwickelt hat.

Im vergangenen Jahrhundert, als die Sozialsysteme noch stabil und leistungsfähig waren, da war dieser Sachverhalt noch anders. Hermann Keimeyer etwa konnte 8 Kinder großziehen, ohne dabei, als Frührentner verarmen zu müssen.

In NRW stellen die Migranten bereits jetzt 50 % der Hartz IV-Empfänger, dies nicht zuletzt, wegen ihres Kinderreichtums.

---

[24] Vgl. Thilo Sarrazin: Deutschland schafft sich ab. Wie wir unser Land aufs Spiel setzen, München 2010

Die Deutschen werden einmal wie die Zigeuner sein, d.h. Fremde im eigenen Land sein.

Schon der Morgenthau-Plan sah eine diesbezügliche Reduzierung des deutschen Volkes vor. Nun gelang dieser Plan schleichend - über die Jahre hinweg - über die sogenannte "Migrationswaffe".[25]

Dekadente Kulturen drohen die mitteleuropäische Zivilisation hinwegzufegen.[26]

Andere Völker, wie die Polen und Ungarn wissen nur zu gut, was sie als Volk erwartet, wenn sie Massenmigration zulassen.

Selbst sehr fremdenfreundliche Völker, wie die Schweden, sind mittlerweile zu restriktiven Maßnahmen gegen die überbordenden Einwanderungsströme, gezwungen.

Der Oberbürgermeister der Stadt Tübingen, der wegen migrationskritischer Thesen stark angegriffen wurde bemerkte dazu u.a.: „Der Flüchtlingsdiskurs entscheidet mit darüber, ob Deutschland den Weg des Rechtspopulismus geht, den das liberale Milieu mit immer größerem Entsetzen und Erstaunen in westlichen Demokratien um sich greifen sieht. Ich habe ein Jahr lang erlebt, welche innere Gegenwehr

---

[25] Vgl. Kelly M. Greenhill: Massenmigration als Waffe. Vertreibung, Erpressung und Außenpolitik, Rottenburg 2016
[26] Vgl. Hamded Abdel-Samad: Der Untergang der islamischen Welt. Eine Prognose, München 2010 sowie Hamed Abdel-Samad: Der islamische Faschismus. Eine Analyse, München 2014

es verursacht, wenn man sich grundlos als Rassist und
unmoralischer Mensch beschimpfen lassen muß.
Diese Attacken bekehren niemanden. Sie verstärken
den Unwillen.“[27]

---

[27] Boris Palmer: Wir können nicht allen helfen. Ein Grüner über
Integration und die Grenzen der Belastbarkeit, München 2017, S.
208

Autobiographische Notiz

Michael Heinen-Anders wurde am 25.02.1960 in Köln geboren. Er studierte an der Bergischen Universität Wuppertal Wirtschafts- und Sozialwissenschaften.

1989 schloss er das Studium als Diplom-Ökonom ab. Michael Heinen-Anders trat 1994 der Anthroposophischen Gesellschaft, Zweig Köln, bei. Heute ist er gleichfalls Mitglied der Freien Hochschule für Geisteswissenschaft.

Er veröffentlichte zahlreiche literarische, essayistische und wissenschaftliche Schriften, darunter „Aus anthroposophischen Zusammenhängen", BOD, Norderstedt 2010 und „Aus anthroposophischen Zusammenhängen Band II", BOD, Norderstedt 2017.

Michael Heinen-Anders lebt in Köln, ist geschieden und hat zwei erwachsene Töchter.